Copyright © [2025] por [Farah Bosworth]

Escrito e ilustrado por [Farah Bosworth]

Reservados todos los derechos. Queda prohibida la reproducción total o parcial de esta obra por cualquier medio sin la autorización previa y por escrito de la autora y titular de los derechos de autor, de conformidad con las leyes de derechos de autor estadounidenses e internacionales.

ISBN: 979-8-218-81444-1

Impreso internacionalmente por IngramSpark.

Primera Edición [2025]

A mis hermosos bebés; L & P - gracias por ser mi inspiración.
A mi M - gracias por ser mi mundo.
A Mimi y O.G. - gracias por ser ustedes

Este libro

es de:

_____

Soy

INTELIGENTE

Soy

FUERTE

Soy

INCREÍBLE

Soy

AMABLE

Soy

VALIENTE

Soy

AMADO

Puedo Hacer

COSAS
DIFÍCILES

Soy

HERMOSO

Me Encanta

APRENDER

Me Encanta

LEER

Soy Un

GRAN AMIGO

Sé Escuchar

MUY BIEN

Estoy ORGULLOSO

DE
MÍ

Mañana Será Un

NUEVO DÍA!

www.ingramcontent.com/pod-product-compliance
Lightning Source LLC
Chambersburg PA
CBHW050731010526
44107CB00009B/810